Peter Spielmann

**Pilgerschritte
auf der Via Regia**

Peter Spielmann

Pilgerschritte auf der Via Regia

mit Holzschnitten von
Frank Eißner

Projekte-
Verlag
Cornelius

Der Verkaufserlös des Lyrikbändchens „Pilgerschritte auf der Via Regia" und der Holzschnitte von Frank Eißner ist für den Aufbau der neuen Propsteikirche in Leipzig und für die Pilgerherberge von Kleinliebenau bestimmt.

Impressum

1. Auflage
© Projekte-Verlag Cornelius GmbH, Halle 2010 • www.projekte-verlag.de
Mitglied im Börsenverein des Deutschen Buchhandels

Holzschnitte: Frank Eißner, Leipzig
Satz und Druck: Buchfabrik Halle • www.buchfabrik-halle.de

ISBN   978-3-86634-913-1
Preis: 9,90 EURO

VORWORT

Nach Innen führt der geheimnisvolle Weg
(Novalis)

Als ich mich 2008 dafür entschied, auf der Via Regia von Görlitz bis Leipzig, 2009 dann von Leipzig nach Eisenach zu pilgern, lagen bereits der Jakobsweg zu Fuß von Tillyschanz an der tschechischen Grenze bis nach Santiago, später dann der Weg nach Rom auf der Via Francigena hinter mir.
Ich ging die Wege damals im täglichen Dialog mit ihnen und in meiner Weise, die Zeichen am Weg wahrzunehmen und zum Leben zu erwecken (siehe das Gedicht im Anhang). Schließlich lebt Geist in ihnen, göttlicher und menschlicher Schöpfergeist.
So täglich geschult in der augenblicklichen Wahrnehmung der Sprache des Camino entstand innere Nähe zum Weg, Verbindlichkeit zu ihm und mein Berührtwerden vom Geheimnis des Weges, der nicht nur für mich da war, insofern er mich führte, sondern für den ich selbst Sprachrohr und Zeuge sein wollte. Nicht „mal weg sein", ist Sinn des Pilgerns, sondern auf dem Weg ganz da zu sein. Dann beginnt er zu sprechen – im Sinne von Rilke: „Die Natur, die Dinge unseres Umgangs und Gebrauchs sind Vorläufigkeiten und Hinfälligkeiten; aber sie sind, solange wir hier sind, unser Besitz und unsere Freundschaft, Mitwisser unserer Not und Frohheit, wie sie schon die Vertrauten unserer Vorfahren gewesen sind … Ja, unsere Aufgabe ist es, diese vorläufige hinfällige Erde uns so tief, so leidend und leidenschaftlich einzuprägen, dass ihr Wesen in uns unsichtbar wieder aufersteht."
Dies geschieht auch über die Geschichten und Legenden vom Weg, die in ihrer Imaginationskraft tiefgründig und vielfach mit einer Prise Ironie gewürzt sind, wie das Hühnerwunder von Santo Domingo de la Calzada im Anhang 2 zeigt.

Gewiss blickt die Via Regia, seit wenigen Jahren erst als Jakobusweg und ökumenischer Pilgerweg neu benannt, auf eine tausendjährige Tradition als Handelsweg zwischen Ost- und Westeuropa zurück. Wer sich indessen etwa die übermächtige Christophorusgestalt auf der Südwand des Erfurter Domes vor Augen führt, wird rasch sehen können, dass der Weg nur aus einer ursprünglich tieferen Wahrnehmung heraus begriffen werden kann: Auf diesem Wandbild trägt Reprobus/Christophorus das segnende Christuskind als Pantokrator auf seinen Schultern und die Landschaft, durch die sie ziehen, ist Via Regia Land, das von den Zeichen der Schöpfung, von menschlicher Schaffenskraft und Frömmigkeit geprägt ist.

Die Mönche in romanischer Zeit, die auch auf der Via Regia eine Fülle von noch gut erhaltenen Spuren ihres Wirkens hinterlassen haben, gaben der orientierten Mittelachse ihrer Kirche die Bezeichnung „Via Regia" („Königsweg") und Psychoanalytiker haben lange Zeit nach ihnen den Traum als „Via Regia zum Unterbewussten" bezeichnet. So verschieden auch beide vom Ansatz her sein mögen, beide wussten darum, dass es initiatische Wege gibt, die zu mehr Tiefe, Selbsterkenntnis und zum Grund, der uns trägt, führen.

Der Bogen, den die vorliegenden Texte zwischen Görlitz und Eisenach und damit auch die heutigen Bundesländer Sachsen, Sachsen-Anhalt und Thüringen überspannen, ist ein ganz persönlicher. Nicht überall konnte ich schreiben, nicht überall sprach der Weg zu mir, nicht überall wurde ich so angeregt, so dass es mich zum Schreiben gedrängt hätte. Manches Mal war ich ganz einfach durch die Sommerhitze und die kurzen Nächte auf den schlichten, aber immer gastfreundlich bereiteten Nachtlagern erschöpft. Oft fehlten auch die Interpreten des Weges, die den tieferen Dialog mit dem „Königsweg" schon begonnen hatten. An manchen Stellen hätte ich die Texte glätten können, doch ich habe sie in treuer Manier zu den frühen Pilgerführern in ihrer Subjektivität und Augenblicklichkeit belassen.

Ich bin die Via Regia als Christ gegangen und war doch so berührt von der inneren Wachheit aller meiner Mitpilgerinnen und Mitpilger, getauft oder nicht getauft, die mir ihrerseits halfen, den Charme des Weges zu erspüren und die Zeichen am Weg zu lesen. Wir lasen sie im allmählichen Gehen aus einem gemeinsamen inneren Sehen heraus.

Peter Spielmann

ERSTE JAHRESETAPPE

von Görlitz bis Dahlen und Leipzig
im Sommer 2008

EIN ZEICHEN SETZEN

Aufbrechen
vor aller Augen das Gepäck
auf die Schultern nehmen
bald schweigend bald betend
immer schauend
durch die ins Bleiben
verschlossenen Städte und Dörfer
pilgern
als sei ihre Welt
ein Kaleidoskop
noch nicht entdeckter Schönheit

mein Gesicht auf den Weg gerichtet
damit das Gehen
nur das Gehen auffällt

und dann
im Dunkeln ankommen
wenn im Zwielicht des Abends
das Zeichen
des hellen Tageslichts gesetzt
sie in den Träumen
zum Nachdenken drängt

ZUGATMOSPHÄRE

Der Zug rattert unter meinen Füßen
eine verborgene Kraft
treibt seine Räder nach Osten hin an
der Sonnenball zeigt mir's am Schatten

lautlos
spielt sich hinterm Fenster
der Landschaftsfilm ab

meine wortlosen Nachbarn
überm Scrabblespiel gebeugt
setzen eilfertig den Osten aus Buchstaben zusammen
punkten ihr Ziel nach Zahlen

ich aber lasse Zahlen und Fakten
und ziehe wach
der aufgehenden Sonne
am bunt gestreiften Horizont
entgegen

FREMD

Irgendwo hier im Zug
muss ein Stück Heimat sein
heute
beim Aufbruch
habe ich es in den Rucksack gepackt
wo sich die vertrauten Dinge
für den Weg noch stauen

jedes erzählt seine Geschichte
vom Einfachen
Absichtslosen

es wird warm in mir
ich sitze für diesen Augenblick
im Echo der Dinge
die ich berührt habe
bin zu Hause
wo wir gemeinsam hingehören

Blick aus dem Zugfenster in Thüringen

Die Natur lacht im hellen Morgenlicht
über die zurückgelegte Geschichte
sie hat überwunden
und singt ihre Melodie vom Leben
über Äcker und Hügel
und die noch fernen Burgen und Dome hinweg

alles weiß der unbeugsame Wind
der offenen Auges
die Räder der Geschichte antreibt
ihre Früchte schüttelt
als seien es Früchte zur Ernte

was bleibt
kann nur der Same für neues Leben sein

HEILIGES GRAB IN GÖRLITZ –
für Georg Emerich, der Kreuzweg,
Passion wie Grablege Jesu nach seiner
Rückkehr aus Jerusalem nachgestaltet hat

Der Visionäre
der um das Vergessen wusste
über Raum und Zeit
die Erinnerung an
das heilige geheimnisvolle Geschehen
vom überwundenen Tod
für immer
retten wollte

der erspürte
dass erlittenes Leid und Freude
für ewig zusammengehören
der daran glaubte
und seinem Glauben
ein Gesicht gab

das Antlitz Jesu von Nazareth

ich habe ihn als Engel
nächst dem Heiligen Grab gesehen
wie er den Stein
vom Raum des Todes
wegwälzte
und den Blick in das erlöste Dunkel
freigab

das Grab ist leer
wir können in neues Leben aufbrechen

Heiliges Grab in Görlitz

JAKOBUSKIRCHE IN GÖRLITZ

Bis hierher also
bist du
der Heilige des Weges
gekommen
hast Jesu Mission
als Zeuge weiter getragen

warum nur
war der Raum
Dein Raum der Verklärung
ganz ohne Leben

ein magischer Bann
wuchtete über den Stühlen

Dein Schafott
sah ich erneut aufgerichtet
verhaltenes Schweigen
webte die Leere
zwischen den Wänden

es drängte mich
hier zu beten und zu singen
Dir Jakobus
dem Heiligen der Unruhe
für die Tage auf dem Weg
meine lebendig
bewegten Schritte zu schenken

Im Gemeindesaal der Methodistischen Kirche
in Görlitz am Morgen vor dem Pilgersegen

Ein schlichter Raum
ausgerichtet
fürs Lied
Gebet und Segen

erfüllt von Worten
über den Weg der Leben ist
und ein Gesicht trägt

ich nehme ihn mit
samt seinen Fenstern
als Raum der Erinnerung
an Gastfreundschaft

an ein Leben im Teilen
mitten unter Blumen
Ruinen und Bäumen

Oberlausitzer Land

Friedvolles Land
in praller Erntezeit

nur einzelne Hügel
unterm wortlos blauen Himmel
mucken
gegen die Ebene an
überziehen ihren Willen
zur Höhe
mit wachsendem Grün

ein Hahn schreit zur Mittagsstunde
gen Sonnenlicht
moduliert als Herold
den einen Ton
der Landschaft
zu farbigen Ernteklängen

An den Schichtsteinen des Hochsteins
(393 m)

Es sind noch Seiten zu heben
und umzublättern
in diesem Land

das Innere seines Buches
zu entdecken
den verborgenen Schatz

noch liegen bleierne Beschwerer
über dem Wort
das an die Landschaft erging

eine Botschaft vom Leben

die der kluge Wind
in die geschichteten Seiten
dieses Buches aus Stein
uns ritzte

In der „Tenne" von Buchholz, einem Pilgerhospiz

Als Kind
vertraut mit der Tenne
sah ich
wie man die Spreu vom Weizen
gewaltsam trennte

staubig war's dort
wie Nebel im Herbst

erwachsen geworden
hört ich früh schon
das Klappern der Mühle
der Weizen schrie
zwischen den Steinen

angstvoll war's dort
alleine gelassen das Korn

als Pilger
stand sie wieder am Weg
als gastlicher Ort
eine bergende Muschel
für den Suchenden

heiter war's dort
ein Fest für die Seele

Weg nach Buchholz –
Morgendliche Beschäftigungen entlang des Weges

Der Schnecke über den Asphalt verhelfen
das Spiel von Licht und Schatten
über der Eichenrinde
als meinen Lebensweg deuten

mit den Blättern der Windmühlen
auf den belebenden Wind hoffen

die Perlen des Rosenkranzes
betrachtend durch die Finger gleiten lassen
als seien es Pilgerstationen
für den Weg nach Innen

und auf die geschenkten Zeichen achten
die wortlos
noch weiter und tiefer
führen
als der stumme Weg unter meinen Füßen

GRÖDITZER SKALA

Vor mir
der urzeitlich graue Granit
erzählt
in Ruhe und Gelassenheit
von der Schöpferkraft des Ursprungs

an meiner Seite
die von den Bäumen
eingedunkelten Wasser der Gröditz
sie gleiten sanft
durch die morgendliche Stille hindurch
spiegeln
das Außen im Inneren
ein Reh äßt friedlich
im frischen Gras
über ihm knacken Eichhörnchen
die frühherbstlichen Nüsse auf

über allem der hoffnungsvolle Wind
er flüstert mir Worte der Stille zu
lässt den Augenblick
verhalten
ins Ewige münden

Aufgefangene Zahlen
in der Gedenkstätte Bautzen

Nachts
in die Vernehmung

dawei dawei
vors Gericht

verurteilt zu
zweimal acht Jahre
als Fünfzehnjähriger
wegen Bildung
einer illegalen Vereinigung

dawei dawei

in einem Raum
zusammengepfercht dann
mit vierhundertvierundachzig
Menschen
weil es die Einsicht
in die Notwendigkeit so befahl
siebenundzwanzigtausend Häftlinge
dreitausend Tote
dreitausend Zeugen

für Wahrheit
die Lüge am Menschen war

dawei dawei

Im Gefängnistrakt von Bautzen

Noch klingt die Eisentreppe nach
sogar
unter meinem Pilgerschritt

bei jedem Hall
die Frage
wer bist du Mensch
wer bist du Deutscher

was hast du aus der Geschichte gelernt
wie viele Henkergewänder
hast du dir übergezogen
weil blinde Macht es befahl

noch klingt die Eisentreppe
der Erinnerung nach
und aus den Zellen
schauen uns fragend die Überlebenden
und Toten ins Angesicht

Mensch wer bist du

Denkmal der Slawenmission

MORGENLICHT IM ZISTERZIENSERINNENKLOSTER MARIEN STERN

Wenn alles von überirdischem Licht
überstrahlt wird

Bilder und Heilige
Farben und Formen
der ferne Altar
ins Licht getaucht
Osterlicht werden

dann bleibt nur die Stille

zu verstehen
dass Finsternis nicht finster
und die Nacht dann
hell wie der Tag
sein wird

MITTAGSRUHE UNTER EINER EICHE AN DER VIA REGIA

Hier ruht sich's gut
unter dir
und deinem verlässlichen Eichengebälk
sahst Händler wie Pilger ziehen
berührtest Tuche aus Flandern
rochst Holz Felle und Wachs aus dem Osten
hörtest das Sprachengewirr
aus vielen Ländern Europas

eine schmächtige Birke
hat sich in dich hinein geschoben
sich mit deinem Wurzelwerk verwoben
als suche sie Zuflucht
in deinen mächtigen Armen
Schutz vor dem
was noch kommen mag
wenn die Geschichte erlischt

aber
noch ziehen Menschen
durch dich hindurch
wie ein Rinnsal zum Meer unterwegs
hoffend und betend
vom Ziel beseelt
dass dort ein Blühen sei
ein neues Lied auf den Lippen

Stille

Im Armenhaus von Stenz – Königsbrück

Es lebt sich hart
im Reich der Armen
kein Wasser kein Strom
als Boden den Granitstein vom nahen Bach
ein paar gebleichte Planken
daneben gefügt
meine Schlafstätte

doch auf dem Tisch
die Kerze

sie leuchtet hier freier
verzehrt sich mit all ihrem Wachs
als gelte es zu wärmen
und alles Dunkel zu vertreiben

Licht
das heimeliger erscheint
in der gewaltigen Nacht
aus Sichelmond und Hunger eingedunkelt

ich muss mich beugen beugen
um ihr Licht zu sehen

die kargen Brosamen
der Armut fallen tief
ins Bewusstsein des Reichen

In Stenz – Licht der Armut

Es leuchtet auf
wenn sich die Blume auf dem Tisch
in ihrer ganzen Schönheit zeigt
das Holz der Möbel sich vor dem Baum verneigt
wenn der Stein glänzt vom Wasser überspült
und das Kerzenlicht sich als wohlige Wärme fühlt
wenn das Tongeschirr sich schmiegt in meine Hand
Armut muss man erfühlen
ganz ohne Verstand

FÄCHER DER ORIENTIERUNG

Die Sonne geht auf
ich richte mich aus

an ihrem leuchtenden Ball
an dem was der Weg mit schenkt
am fernen Ziel

mit meiner Wachheit im Augenblick
durchs Erspüren der Sonnenstrahlen wie des Windhauchs
des Wassers wie der Brücken
der Wege Räume und Bauten

in den Stätten der Rast und des Aufbruchs
beim Beten und Singen
beim Hungern und Dürsten
im Teilen und Erdulden

Orientierung ist nicht machbar
sie ist Geschenk der Achtsamkeit
für den Pilger
auf dem inneren Weg

Wegkreuzung

Begegnung mit einem Pilger vor Großenhain

Den Pilger
aus der anderen Richtung
ihn trägt ein anderer Wind
ein anderes Licht

ich muss ihn
den Erfahrenen befragen
wie einen Spiegel

nach seinen Bildern vom Weg
nach dem Staub und den Blüten
nach seinen wortlosen und den unvergessenen Begegnungen
mit sich und dem Weg

ich werd ihn wieder lassen
müssen
sein Bild wegräumen
weil sein Weg
zu sehen
doch ein ganz anderer ist

Im Schlosspark von Großenhain

Mit den belebten Schnellen des Bächleins weiter ziehen

seine munteren Wasser
geben den Blick mir frei
auf seinen schimmernden Grund
und treiben den Schritt mir an

Vögel kommen angeflogen
picken sich aus dem Wasser das Nass
um aufzufliegen
die grünende Welt
der Sträucher und Bäume
mit ihrem Lied zu beleben

ich blicke hinauf und hinein
und erkenne wieder
den bewässerten Garten

die Verheißung
einer neuen paradiesischen Welt

Auf einer Bank am Elbufer bei Riesa

Baumhohe
Persönlichkeiten vor Augen
die sich Weiden Eiche Kastanien nennen
und ihre Wurzeln
in den sanften Elbwasserspiegel strecken
als holten sie von dort
ihre Lebenskraft
ihren Wuchs ihre Hoffnung

ruhe ich
auf einer Bank

diesseits der Fähre
teile mit Freunden
den stillen Blick auf die Elbe
von Ufer zu Ufer

lasse mich anfragen

gehe ich Wege von Ufer zu Ufer
bin ich auf dem Weg so gelassen wie du
hol ich mir Zuversicht von der Quelle
ihr Vertrauen
über Stromschnellen hinweg
anzukommen
an der Mündung ins Meer

Abend am Fluß

Corpus Christi Kirche von Strehla

Draußen
über den von Blumen gesäumten Grabsteinen
rauschen die Bäume
erzählen von ihrer Berührung
mit dem lebendigen Augenblick

von Tod und Vergehn

drinnen im Raum
breitet sich die Stille
Licht wächst hinein

entlang der Kanzel
Stufe für Stufe
steigen still und geduldig
die zeitlosen Kacheln
von Tod und Erlösung
empor

wie einst Isaak
als er
das Reisigbündel der Todesahnung
auf seinen Schultern
auf den Morija stieg
im Vertrauen
auf den barmherzigen Vater
der das Leben
und nicht den Tod für uns will

Rittergut Lampertswalde

Aufgefundener Text:

Welchen Kurs
auch immer du einschlägst –
Immer wird dir jemand sagen
dass es der falsche ist.
Es werden immer wieder
Schwierigkeiten auftauchen,
die dich glauben lassen,
dass deine Kritiker Recht haben.
Seinen Kurs festzulegen
und ihn bis zum Ende zu verfolgen,
erfordert Mut

R.W. Emerson

Unter der jahrhundertealten Platane von Lampertswalde

Wie tief
mögen deine Wurzeln reichen

nur der See könnt es erzählen
und deine grünen Freunde ringsum
sie kennen die Tiefe

Wer mag dich umfassen

nur die vielen Arme
wissen davon
die dich umschlangen
wie eine Geliebte

Wie lang noch wirst du leben

nur das Herz weiß davon
lassen wir es schlagen
mit unserem Herzen

schlagen doch beide
in dieser
und jenseits der Zeit

Im Zug hinter Dahlen in Richtung Leipzig

Noch hör ich
die achtsamen Schritte
der Pilger
hinter mir

noch kommt mir die erinnerte Landschaft
wie eine vertraute Freundin entgegen

doch schon bald
heben sich die unsichtbaren Flügel
des Weges

und die Erinnerung
fliegt wieder gen Osten
an die Quelle der Königswegs

hinein

Zweite Jahresetappe

im Sommer 2009 von Leipzig bis Eisenach

Erneuter Aufbruch

Steh auf
Dein Buckel ist zu rund geworden
von Verbiegungen und Lasten

Erheb Dich
Dein Körper ist eingerostet
im Grau der Gewohnheiten

Blick vor dich hin
Dein Blick hat
das Mäandern des Weges verlernt

Heb Deine Füße
einen nach dem anderen
so wie man Steine hebt
und spür deine Sohlen wie sie ausgreifen
sich auf der Luft polstern
und federleicht
über die Warteschleifen steigen

Geh
und schau dich nicht um
deine Nase umweht
schon ein neuer östlicher Wind

AUFGEFANGENE WORTE EINES TEENIE IM ZUG

Das Größte ist für mich
wenn ich
unterwegs in der Stadt bin
und einer mich anruft

ich halte inne
schau mir
den Teenie mit verstummtem Handy
im Blumenlook an
und denke in mir

das Größte ist für mich
wenn ich auf dem Weg bin
der Camino mich anruft
und von sich spricht

von seiner Natur
die in mir aufersteht

wenn sich die Augen öffnen
für die Begegnung
mit dem Weg
im ewigen Jetzt

Wieder im ICE

Hier im ICE
bin ich bei Leibe
keine Butter auf der heißen Kartoffel
wie weiland der Dichter
auf seinem Pferd

Das Wesen auf dem ich reite
ist gutmütig
gleitet in Windeseile durchs Thüringer
und Sächsische Land

feiert seine Triumphe über
Natur und Mensch

der Weg draußen
karg und beschwerlich
fordert
hält mich zur Langsamkeit an
lenkt meine Augen auf Erde und Himmel zugleich
und entpuppt sich
als Wahrheit vom Leben

erscheint mir als Nuss mit schmackhaftem Kern
in der ein Geist gebannt

Samenspross

BLINDLINGS?

Das Abteil durchfliegt das Dichterwort
der Mensch ist
wie Wasser
von Klippe zu Klippe
geworfen
ruhelos

unerreichbar
das große Glück

ich hüte seine Worte
wie man empfindsame
Schafe hütet
will sie führen
auf die grüne Weide
des Weges

auf der so manch Saite gespielt
und der Geist geblüht
mächtig an himmlischen Zeichen
und Lust am Leben

Fingerzeig auf den Friedensengel in Leipzig Nicolaikirche

Der Engel dort
der ganz vorne triumphierend
oben im Gewölbe schwebt

der überm Regenbogen
im Mantel der Liebe

hält ein Palmblatt in der Hand
von den acht Säulen
gepflückt

vor der Zeit schon
erfüllte er
mit seinen Schwingen den Raum

die ihn hörten
wie einst Gabriel
erwachten zum Leben

die zu ihm
aufschauten
im rechten Wink der Geschichte
wie einst Elija oder Tobias

sie wurden frei
und brachen neu auf

CHORRAUM NICOLAIKIRCHE

Eine Frau betet

aufrecht
lang und innig
dicht vor den Stufen des Altars

sie wartet auf das Ungeheuerliche
vom Jenseits der Welt
und doch mitten in unserem Leben

nimm ihr buntfarben Gebet
Herr an
sie wartet
auf seine Erfüllung

von hier aus geschah doch Befreiung
nahe dir Christus
nahe der Zeit und der Ewigkeit

Aufgefundener Text in der Nicolaikirche

Was ist banaler
als ein Mensch der geht
aber wenn er auf dem Wasser geht
ist er nicht banal

Von dieser Art ist der Unterschied
zwischen dem Menschen
der in der Fiktion gut ist
und dem der in der Realität gut ist

Simone Weil 1941

Musik in der Thomaskirche von Leipzig
mit dem Grabmal von Johann Sebastian Bach

Zwischen all den Tönen
der eine Ton

er ergreift den Raum
von der Mitte her

steigt empor
ins rote Gewölk
und streckt sich
dem Paradies und Erdendunkel zugleich entgegen
zum Musiker hin

der zum einen Ton geworden
schweigend
auf ewig dort ruht

Musik im Bosehaus neben der Thomaskirche

Töne wie Licht
aus dem weißen Farbtopf Bachs

lass im Hören
den Regenbogen der Farben
dich überspannen
stell dich in den Fluss des Weges
und nimm ihn mit
seinen Rhythmus
aus der Stadt hinaus

auf den beschwerlichen Weg

Unterkunft bei den Dominikanerinnen von Bethanien in der Eisenbahnstraße

Mitten in der Vorstadtleere
düster
gähnender Fenster

ein kleiner Garten
mit grünenden Bäumen
und bunt leuchtenden Blumen
ein Haus aus warmem Holz
Kinderbilder im Inneren
und ein Gebet zu früher Stunde

wir haben uns den Ort bewusst ausgesucht
raunt mir eine Stimme bescheiden zu
wollten ein Zeichen setzen
in einer Welt ohne Gott

WANDBILD VOR MEINER MATRATZE BEI DEN DOMINIKANERINNEN

Et kütt wie et kütt
sprach die bunte Wand

brich auf
denn es geschieht
auf dem Weg

habe ich stillschweigend
übersetzend
darunter geschrieben

Leipziger Osten

Auf einer Luppebrücke nach Leipzig

Der Pilgerweg ist kein gerader Weg
sagt mir die Luppe
und mäandert nach Westen
aber es wird ein Weg
der Begegnung von Himmel und Erde werden
sagt sie mir auch

umrahmt von quellendem Grün
spiegelt sich
der blaue Himmel
im Wasser
das lila Elisabethenkraut
neigt sich zur Tiefe hin
Aug in Aug
mit den Eichen und Akazien
den Linden
Eiben und den überreifen Holunderbüschen
darüber
der Gaukelflug der Schmetterlinge

und es tönt
aus uralter Zeit
der Klang des Wassers überm lichten Stein

Verletzt – im Gasthof Domholzschänke

Umfangen von der Stille des Weges
und dem kühlen Lufthauch des Waldes

ruft mir zur Rechten
Achilles zu

deine Sehne
an der Paris mich damals traf
wird wieder heilen

achte
auf die Pfeile des Helios
die dich bis zur Erschöpfung
blenden
deine Haut versengen
als sei sie
ein herbstliches Blatt

KLEINLIEBENAUER KIRCHE IM WIEDERAUFBAU
Eintrag ins dortige Pilgerbuch

Nur nicht
die Kirche so lassen
wie sie ist
ihre Steine sind schließlich lebendig
und ihr Raum
der Raum unserer Seele

Horburger Erinnerung

Der blumengeschmückte Garten
vor wenigen Jahren noch
verzaubert von uralten Bäumen

unter ihrem schattigen Dach
der Maler
des Gekreuzigten
Schicht für Schicht
trug er ihn auf
als schaffe er neu seinen Leib

unter der Buche die Pastorin
die Worte des Gekreuzigten
in ihrem Mund
im Schutz des vierkantigen Turms
mit der Madonna aus Stein
darin
die ihre Tränen um ihren Sohn vergoss

dieser Garten ist schweigsam geworden
heut überwuchert
die Madonna
unter Verschluss
sie vergießt keine Tränen mehr

verstehen wir solche Zeichen der Zeit?
verstehen wir
was hier weg gebrochen
welcher Geist hier zum Verstummen gebracht
welche Quellen versiegt
welche Nähe verloren

Im Horburger Wald

Das Lichtschattenspiel
von Baum und Strauch zur Mittagszeit
überlichtet
das blau-gelbe Zeichen der Muschel

wie damals in Spanien

im Nu bin ich mitten auf dem Camino
dort in Galizien
sehe dasselbe Licht
zur selben Zeit

und ich höre von dort
die Schritte der Pilger
überm kargen Gestein

Seerosenteich in Zweimen

Sie berühren den Grund
aus welcher Tiefe
mögen sie kommen
die Blumen in Rosenrot und Schneeweiß

Gedanken über die Anhaltiner im Park des Löpitzer Schlosses

Die Anhaltiner, mit Verlaub, ich kann mich irren,
sind nicht gerade ein Völkchen mit freundlichen Mienen.
Sie verhalten sich wie jemand, der vieles entbehrt
und dessen Seele ward ausgeleert.

Und dabei gibt es klares Wasser allüberall.
Die Nachtigallen schlagen im Luppetal.
Schwäne gründeln tief im Seerosenteich.
Die Natur – sie grünt.
Macht all dies die Seele nicht reich?

MERSEBURGER ZAUBERSPRÜCHE –
EINEM GERMANEN NACHGEBETET

Ihr Göttinnen
Du Wodan
Ihr habt gesungen
und alles wurde heil

ging ich über die Hörsel-Berge
so wart ihr da
bettete ich mich in der Unterwelt
der Höhlen und Grotten
so wart ihr zugegen

fügtet Knochen zu Knochen
Blut zu Blut
Glied zu Gliedern

ich bitt für die Krieger des Lichtes
erlöse sie aus den Fesseln
befrei sie von den Feinden

Ihr Göttinnen
Du Wotan
Ihr habt einstens gesungen
und alles wurde heil

NACHDENKLICH VOR DEM MERSEBURGER DOM

Ich möchte Dich besingen
in all Deiner Schönheit
als neue Stadt auf dem Berge
Braut die vom Himmel hernieder geht

doch ich seh nur
Deinen Tanz
im Reich der Musen
die im Reigen verharren
zur göttlichen Ehr

musste tief hinuntersteigen
ins Fundament Deiner Räume
las dort ergriffen das magische Lied
sah wie es nach oben stieg
in die Herzen der zeitlos Frommen

und ließ mich dann segnen
von der Hand aus der Tiefe
die jenseits von Zeit und Raum
neues Leben verheißt

AM CAMPINGPLATZ HASSE-SEE –
Umgekehrt proportional

Je brauner die Haut – desto weniger weise
Je mehr Bier – desto weniger leise
Je dicker – desto weniger Freude am Weg
Je mehr Camino in mir – desto schneller hier weg

FREYBURG – AM UNSTRUTWEHR,
BLICK AUF DIE NEUENBURG

In die rauschenden Wasser der Unstrut
verwirbeln sich meine Nöte und Sorgen

doch die Feste ganz oben
bewahrt hell ihren Kopf
verweist mich auf Klarheit von Oben
segnet mit ihrer Kraft meinen Weg
öffnet die Augen für die Zeichen der Liebe

und umkost sorgsam
die Trauben
für ihr Lied von der Kelter
wenn neues Leben erhofft
und die Not dann besiegt

Aus dem Steinernen Festbuch
das Bild „Christus in der Kelter"

Sie hasten
zur Kelter
ihre Körbe gefüllt
mit Erwartung
überreich an Vertrauen

wer wird sie pressen
die Reben
Traube für Traube
gar selbst
mit dem Leben bezahlen

einer
der die Wege mit uns geht
selbst ein Gemahlener
und im Mahlen Gewandelter
der den neuen Wein
als Verheißung
uns schenkt

Abendmahlsszene am Fries des Westlettners im Naumburger Dom

Fiele das weiße Tuch
vom Tisch der Wandlung
straff hernieder

glitte der Verrat ins Banale
Judas wäre ein harmloser Zeuge
wie einer der Zwölf

so aber hebt der Verräter
leicht mit dem Knie
das weiße Linnen
und formt es vielfaltig
zum zittrigen Seelengewand

Schmerz legt sich über Tisch und Raum

ich sehe
einer wird das Ungeheuere tun
und höre
dies ist mein Leib
gefügt aus eurem Verrat
und meiner Verheißung
einer neuen Welt

IM NAUMBURGER OSTCHOR AM VORMITTAG
Blick auf Bischof Dietmar von Wettin
als seine Grabplatte vom Morgenlicht berührt wird

Brennst Du nicht
wie eine Fackel vor meinen Augen
ganz oben an deiner Mitra
entzündet

wirst bald Kerze bald Lampe
über die Sein Feuer
hinweggefegt
Dich zu läutern wie Gold

Du leuchtende Mandel
uns zu Füßen
damit wir die Verheißung sehen
einer Welt
in deren Mitte
von Zeugen umgeben
das Lamm

Naumburger Dom – Chorgestühl

die stummen Zeugen
aus Holz
mit dem Blick nach Sonnenaufgang
und Sonnenuntergang zugleich
gerichtet

Wangen
aus denen der Geist der Ordnung
aufsteigt

Ideen

Gestalten
schmucklose Blüten
die aufgehen
fürs Auge
das zu sehen versteht

weisen in den Raum
zeitloser Betrachtung

ich lege Bild und Raum in eins
und sehe hell
das Holz und den Stein
zum Leben erwachen

Chorgestühl

SANKT WENZEL – BACHORGEL

Zwischen Orgel und Altar
öffnen Wände weit ihren Mund

die Türe
wird zur Oktave
der Gekreuzigte nach vorne gerückt
spannt sich über den fünften Ton

ein Mädchen darunter
staunt über die himmlische Musik
im Raum

ich durfte sie sehen

Zisterzienserabtei Schulpforte

In Treue zum Grund
wuchs der Raum hier empor
ich trau
seinem rhythmischen Lied

von Pfeiler zu Pfeiler
ging über die Füße
der heilige Raum mir auf
zog mir den Himmel
zur Erde

jetzt wurde Fremde zur Heimat
jetzt erst
war ich
im vormals schweigenden Raum
zu Haus

Die Pforte

Gedanken im Jugendhaus Sankt Michael/Roßbach

Wenn ich dich vor den Richterstuhl rufe
Deutschland
was wirst Du dann vor mich bringen

Du schöne reiche Braut
Land der Dichter und Denker
Musiker Mystiker und Forscher

was wirst du mir sagen
in diesem Augenblick
wo sich der Glaube in Sehnsucht verdünnt
meine Botschaft
in einer Welt der Sachen verhallt
am Sonntag
das Bett dir lieber ist als der Altar

was wirst du vorbringen können
als Talent
mit dem Du gewuchert

wenn nicht mein höchstes Gut
das ich Dir geschenkt

die Freiheit

in den Farben
Schwarz Rot und Gold

male sie weiter
und nutze sie recht

Lied der Nachtigall vor meinem Fenster in Sankt Michael/Roßbach

Mitten in der Nacht
ein Vogel
ganz Lied
ganz Gesang

oder war's ein Strauch der sang
der sich rundende glühende Mond
war's der Dom in der Ferne
der köstliche Wein
an den Hängen der Unstrut

er sang uns vom Leben
von Liebe und Tod

vom Bleiben
und Hören auf den Weg
wie er in dir und mir
erklingt

Einladung zu einer Tasse Kaffee in Lißdorf

Im kleinsten Raum
in dem Mahl bereitet wird
und der Herd noch
die Mitte einnimmt

ein dampfende Tasse Kaffee
ich bin hier willkommen

die blau-weißen Kacheln
mit ihren bunt gefleckten Abzieh-
bildern
den Schatten aus einer vergangenen Welt

hören von der Mühe der Schritte
über endlos hartem Weg
von Geschichten
die das Leben hier schrieb
von Vergangenheiten
die man nie vergisst

hinterm Fenster
winkt von Draußen der spitze Kirchturm
und Sissy der Hund
beschnuppert unseren Rucksack
weil er dort Geheimnisse erahnt
die wir auf Schritt und Tritt
bewegen

KRIEG – HIER WAR 1806 KRIEG!

Ich lese:

476740 Taler bezahlt in barem Geld
848161 Taler in Wertgegenständen
1125 Pferde getötet
1043 Rinder
2991 Schweine
4437 Schafe und Hammel
400 Ziegen
35130 Stück Geflügel
3718 Scheffel Weizen
4372 Scheffel Gerste
355388 Scheffel Hafer
50360 Zentner Heu
45254 Zentner Stroh
3377 Klafter Holz
31762 Maß Branntwein
182820 Maß Wein

ohne die Toten zu zählen

Die Rucksäcke wogen schwer an diesem Morgen
und die Sonne war unerbittlicher also sonst
in ihrem Licht

In Eckhartsberga – Melodien am Weg

Zum Sonnenuntergang
   die schlagende Nachtigall
für die Nacht
   den Ruf des Kuckucks
am Morgen
   die zwitschernde Schwalbe
für die Frühe
   das Geschilpe der Spatzen
am Mittag
   den Jubel der Lerche
am Spätmittag
   den schrillen Warnruf des Falken
   auf Jagd überm Rabennest
am Nachmittag
   das stille Gaukeln der Schmetterlinge
am Abend
   das Pulsieren der Windräder

zwischen all dieser Zeit
mitten darin
unser nachdenklicher Pilgerschritt
im Hören auf den Weg

Vor der Oberreißener Kirche
Antwort auf Lyonel Feiningers Notiz

„Hier gibt es so viele Hügel.
Und hinter jedem Hügel liegt ein Dorf
Und jedes Dorf hat eine eigene Kirche."

... aus deinen lapidaren Feststellungen
Maler
hast du malend
eine Liebeserklärung gemacht
hast das Geheimnis des Raumes
erspürt
Gottes Gegenwart
hier auf Erden

so behauptet sich deine Kirche
als Stadt auf dem Berge
über der endlos weiten Flut
Thüringer Landes

trifft sie dein Licht

beginnt sie zu leuchten
vielfarbig bunt
Wirklichkeit einer neuen
doch schöneren Welt

Ultreia!

Vor Ollendorf –
das „Peregrinari" erfahren

Den Weg verloren
weit über die goldenen Stoppelfelder gegangen
ganz so wie die Pilger damals

fremd war ihnen die Erde
über die sie zogen
fremd waren die Orte
die sie aufnahmen

fremd geworden ihre Heimat
hinter ihnen
fremd die Heimat
vor dem nächsten Schritt

vertraut aber mit
Weite und Freiheit

im Ohr
die geheimnisvollen Worte
des inneren Meisters
von ihrer Heimat im Himmel

und der ermutigende Ruf der Freunde
vor ihnen und hinter ihnen

KZ-Buchenwald – Ankunft

Die Sonne scheint
doch mich fröstelt
ich sehe Grün Bäume Landschaft den Wald
und doch zerbirst schon an der Rampe
mein Bild

ich sehe Kinder
hör ihr hell Lachen
doch da sind die anderen
Menschen mit
Augen wie Höhlen
andere Kinder
ihre Haut in grau

die Geister von damals
die mich heute riefen
werde ich hier
nicht mehr los

Im Leichenkeller

Die Bittertränen des Mädchens
fielen tief
im feuchtkalten Keller
mit den noch rauchenden Öfen
im Menschenmaß

sie fielen
zu Boden, ins Erdreich, aufs wüste Land
sie fielen mir bis auf den Grund

doch über beißendem Geruch
wuchs mir eine grüne Pflanze
des Trotzes
die zahngelben Kacheln empor

Eine Mark fünfundsechzig

Nichts
als ein Maß
der finstere Preis für Leben

soviel kosten
ein paar Kartoffeln
eine Flasche Wasser
die halbe Ration für den Hund

soviel kostet
im Wald ohne Buchen
ein Mensch

Einsfünfundsechzig
das ist aufgewirbelte Asche
und Krebsgeschwür
Sezierobjekt
Wrack
ausgebeutet
geschichtet wie eine Sardine
aufgehängt
und fallen gelassen
den Öfen zum Fraß vorgeworfen

einsfünfundsechzig
das ist versunkenes Gebein
und zugleich
ein überm Himmelsbogen
erwachtes hell
leuchtendes Kreuz
ein Zeichen
ein Stern

Draußen vor dem Torhaus

Draußen vor den Tor
lebt es sich leichter

ich muss nicht hineinschauen
in die Baracken verlorener Seelen
nicht hinein riechen
in die Brennöfen
nicht hinein schmecken
in Wassersuppe und Brot
nicht hinein fühlen
in ihre verzweifelte Frage Warum

Nein, ich bleibe draußen
vor dem Tor
Jedem das Seine
Ich muss nicht
Ich brauch meine Kraft
Ich kann nicht
mehr atmen dort
ich will hier draußen nur sein
um frei
der Hoffung ihren Raum
wieder zu geben

BLICKE AM AUSGANG

Die Blicke beim Hinausgehen
dumpf
stumpf wie eine Nacht ohne Licht
im Verlies eines Minotaurus
ausgeschaltet
das Licht der Hoffnung

klick

stumpf die Blicke
das Erbe von euch Schergen

welche Verliese in euch
welch mörderisches Denken
wie viel Tod
in eurer Seele

Zwang
Tod und
Gas
das Verlies
den Schrei vor Hunger und Durst
nach Leben
Sadisten die ihr seid
Elende

Schlachter
Mörder an
Freiheit
und Hoffnung
und Zukunft

und an vordem leuchtenden Augen

Maschinerie des Bösen

Ich höre sechs Todesschüsse

der erste	–	in der Zelle im Bunker
der zweite	–	am Brennofen
der dritte	–	beim Anstehen zum Appell
der vierte	–	vor der Todesspritze
der fünfte	–	bei quälendem Hunger und Durst
ein sechster	–	durch verlorene Freiheit und Heimat, von Frau und Kind, von Würde und Raum und Atem

Schande über Schande
Mensch wo bist du nur gewesen

Nach Buchenwald – Weimar

Zwischen Todesfuge und Gingkobaum
verzerrten dunkle Spiegel mein Glück
kein Weg bracht mich in den neuen Raum
zerrissen blieb ich zurück

nur die eine Träne als Stütze
ich berg sie in meiner Hand
geh weiter zu Fuß es ist Hitze
schütt sie aus über verbranntem Land

Weimar im Regen

Pfähle der Trauer
fallen über die Poesie
meinen Gingkobaum
das klassische Haus

ich muss mich schützen
das Dach ist undicht geworden
vom Westen her stahl sich der Regen
in den sommerlich Garten
und brach mit den Disteln
übers Hoffnungsgrün
herein

Alter jüdischer Grabstein (Weimar)

Eingang Goethes Nationalmuseum – Spektralband

Ich erschrecke
in Farbe zerstückeltes Licht
blendend schön

unsere Zeit
spaltet
unterscheidet
berechnet

wo bleibt der Blick auf das Ganze

da ist nicht mehr Licht
nur mehr Brechung
einer einstigen Fülle
in die Vielfarben
des Lebens

Park Tiefurt

Natur
auf Pfaden erwandern

offen mit allen Sinnen
in der Hoffnung
auf die reinen Quellen

nur
nach dem Wie fragen
ohne Warum und Wozu

wie
diese machtvollen Kastanien
der Hügel dort, das saftige Grün
das verträumte Schlösschen
einer Fürstin

unter meinen Füßen
bahnt sich ein künstlicher Weg
Entwurf für eine zweite Natur
die wir uns aneignen müssen
als Widerstand
gegen eine entzauberte Welt

Park Schloss Tiefurt

Grüne Weite
wohin das Auge reicht

die Abendglocke läutet
über Wiese und Baum

Zeichen der Erinnerung
wachsen empor
da komponiert Mozart
dort musiziert Bach
hier wird die Fischerin gespielt
dort leuchtet Wielands Lieblingsplatz auf

über allem
der Wille einer Mutter
Natur in Kultur
zu verwandeln

Friedhof Poseckscher Garten

Vielleicht ist es dann so wie jetzt

dass Vögel in den Schlaf uns singen
und die Bäume die Seelen aufnehmen
als seien sie ihre Frucht

Vielleicht ist es dann so

dass Steine wieder ganz Stein werden
ohne die Namen mit Amt und Würden

vielleicht ist es dann so
dass sich das Licht zwischen den Baumkronen bricht
Erde wie Grabhöhlen durchstößt
und ruft

jetzt ist die Zeit
kommt heraus ihr Freunde des Geistes
und nehmt das Reich in Besitz
in einer neuen Sprache
mit einem neuen Lied
auf den Lippen

Dom Sankt Marien in Erfurt – Elisabethstatue zur Mittagszeit

Ich hatte Dich nicht gesucht

Du standst einfach da
an die Nordwand gelehnt
Elisabeth

für Augenblicke
Dein Bild
im Mittagslicht

bevor Du als Schatten
weiter zogst
im stillen Licht der Armut

ERFURT – AM FISCHPLATZ ANGEKOMMEN
„Draußen stehen wie drinnen"

Wenn die Mitte
aufgeht
weit wird zum Kreis
sprudelt sie
das Verborgene frei

der Fischplatz
leuchtet mir auf
als himmlisches Zeichen
das Gildehaus
mahnt zu dem was taugt
das Rathaus öffnet
sein machtvolles Bilderbuch
dort warnt die Bank vor den Lastern
und das Haus zum Breiten Herd
ziert sich wach
mit den fünf Sinnen

davor verlieren sich
die Schritte der Pilger
suchen im Klang
der Rathausglocke
den schauenden Geist
Meister Eckhards
Martin Luthers Ringen
um die neue Gerechtigkeit
oder ganz schlicht
wie damals
ein Paar neuer Schuhe
für ihren künftigen Weg

von oben wachen gelassen
der Dom und Sankt Severi
deren Stufen
vom tausendjährigen Ruf
widerhallen
locus iste a deo factus est

Gedanken vor dem Sankt Severi Sarkophag
Salbung – ganz anderer Art

Ich sehe
wie sich eine Taube
auf deine Schultern setzt

Severus

Dich mit ihrem Flügelschlag
zärtlich berührt
Wollweber
aus Ravenna

Deinen Körper
die Seele den Geist
erfasst

Familienvater
liebevoll besorgt um Deine Frau und Dein Kind

und mit ihrer Liebeskraft Dich durchdringt
wie einst Jesus am Jordan

so gezeichnet so gestärkt
gehen Menschen die Augen auf
und erkennen Dich

als Brückenbauer in die jenseitige Welt

IN DER VITRINE DES AUGUSTINERKLOSTERS
IN ERFURT GELESEN

„Verlass Dein Land
brich auf
das Haus Unendlichkeit
nimmt Dich auf"
(Rose Ausländer)

Gedanken zum Spruch der Dichterin Rose Ausländer

Jeder Schritt nach vorne
ist ein Schritt ins Unendliche
Bodenlose
Nichtgewusste
in neues Land

nicht nur für den Fuß
dein ganzer Leib
hat daran Teil
mit all seinen Muskeln
und Adern
mit seinen Kammern im Gehirn
mit all seinen Sinnen

das Auge
kennt den neuen Stand noch nicht
das Ohr
hat noch nicht von ihm gehört
die Sinne
ihn noch nicht gefühlt

doch Dein Herz
Deine Seele waren schon da
weil sie dem Weg schon voraus

so lass dich ein auf das neue Land
unter deinem Fuß
es ist Wüste
und verheißenes Land zugleich

Montagsmeditation im Augustinerkloster mit Schwester Katharina S.

Ein paar Stufen tiefer

das Steingewölbe
ein Keller
Katakombe für Lebendige

quadratische Kissen
ins Quarré gelegt
Schweigen

Stille im Raum

das ist schon
All
es

GOTHA – FÜR ERNST I. DEN FROMMEN UND BLICK AUF SCHLOSS FRIEDENSTEIN

Frommsein
sagt man ihm nach
dem Fürsten

ich schaue mich um
und buchstabiere seine Frömmigkeit
in den prachtvollen Häusern und Bauten

sehe
wie er himmlisches Wissen
auf die Erde herunterzieht
die Elemente sprechen
lässt
sie belebt
und blumenreich schmückt

wie er Kirchen zum Thronsaal Gottes erhebt
und den Häuser seiner Untertanen
spielerischen Glanz verleiht

es war seine Sprache
seine Weise fromm zu sein

ich aber nehme meinen Stab
der die Erde kennt
meinen Rucksack
der meine Erfahrungen birgt
meinen Griffel
der sie nachzeichnet und
den Rosenkranz
der mich in vertieftes Leben führt

und gehe

verankere mich im Boden
und lasse mich vom Weg führen
wo der Himmel schon ist
wenn ich ganz einfach
da bin

Begegnung mit einer Pilgerin

Ich schaute
in ihr sonnengebräuntes Gesicht
hell ihre Augen
klar wie ein See

wie die Augen der Frau
von damals auf dem Weg
vor vielen Jahren

als sie mir
früh am Morgen
im Vorübergehen
ihre Früchte anbot

nehmen Sie mit
was Ihnen der Wind geschenkt
heute Nacht war ein Sturm
nehmen Sie auch
das Brot für den Rucksack
der Bäcker war da

welche Güte verspürte ich damals im Herzen
wie schmeckten mir Früchte und Brot
bei der Rast
heute wie damals

Begegnung

Unter einem Baum im Naturschutzgebiet vor Mechterstädt
ehemals militärisches Übungsgebiet

An seinen rissig-rauen Schutzmantel
gelehnt
hole ich mir die Kraft
fürs Weitergehen

im Rauschen seines Blattwerks
flüstert er mir seine Erinnerungen zu
von Kriegsspielen
zu seinem Füßen
vom metallischem Klang
der Mordwerkzeuge
von Panzern die dumpf
das Strauchwerk zerfetzten
Erde und Blumen
mit ihren Ketten zermalmten

heute triumphieren sie
als Friedensblumen
in all ihrer Schönheit und Wildheit geformt

umspielen die Spuren des Hasses
mit farbigen Tönen
und weben einen Teppich
für die Schafe und Pilger
die im neuen Licht
genügsam über die Thüringer Berge
ziehen

BLICK AUFS THÜRINGER LAND
VOR MECHTERSTÄDT ALS NOTENBLATT –
DIE INSPIRATION DES KOMPONISTEN BACH ERSPÜREN

Eine weit gedehnte Ebene vor Augen
als Grundton
blumengeschmückt

muntere Bäche darin
mit Sträuchern Bäumen und Vogelgesang

darüber Schicht für Schicht
Notenlinie über Notenlinie
lang gezogene Hügel im Dreiklang
Berge und Kuppen
als Noten darin

ein Dominantseptakkord
sichtbar
und hörbar aus der Landschaft
geformt

auf jeder Tonlage
Menschen
die hineinhören können
in die Harmonie einer Landschaft
in den Zusammenklang ihrer Töne

die sich im Komponisten spiegeln
und die der Musiker zu spielen vermag

Bodelschwinghof Mechterstädt

Im Rauschen der Pappeln
und Weiden
erklingt Elisabeths Lied
vom Geist
in Jesu Herz

Frieden und Liebe
haben sich hier ihr Nest gebaut
für Gottes bunte Welt
seiner Geschöpfe

mitten
im Farbenreigen von Rosen und Dahlien
unter den Bonsais im Garten
zwischen Rollstühlen und Krücken
lese ich Worte des Vertrauens
die aus dem Herzen kommen

Der Herr ist mein Hirte
nichts wird mir fehlen

und höre den Ruf des Propheten
Suchet den Herrn, so werdet ihr leben

AUF DER WARTBURG

Für einen Augenblick
den zu Stein gewordenen
Herzschlag der Geschichte gespürt

der Sänger Wettstreit um Ritterlichkeit
und das schöne Lied
Elisabeths Mut
selbstvergessen
den Menschen zu dienen
Martin Luthers reformatorischer Ruf
sein einsames Ringen mit Gottes Wort
trotz Banns trotz Isolation
die neue Vision eines Landes
von Ehre und Freiheit
den Klang der Steinmetze
die ihr Werk zeichenhaft
mit Löwen Adlern und Greifen
wappneten

über diese Burg führt der Weg weiter
ich werd sie als Lesezeichen mit mir nehmen

BAHNSTEIG EISENACH

Über das horizontale Geflecht
der Hochspannungsdrähte
und Bahnsteigdächer hinweg
blickt stolz
mich die Wartburg an

sie hält Ausschau
nach dem Großen und Erhabenen
auch in unserer Zeit

weckt mein Verlangen
nach Aufbruch und Überschreiten
gesetzter Grenzen

wo
Liebe Freiheit und Menschlichkeit
blühn

Heilsame Unruhe

Die gekrümmte Linie
die zu Hause von der Decke hängt

in Blei gefasstes buntes Glas
als ob ein Wort durchscheinen wollte
ein Wort vom zurückgelegten Weg

umkreisen wieder und wieder
Erinnerungen an die Via Regia

ihre Magie des unentwegten Gehens
durch die Wunder in neuen Horizonten
pilgernd
mit Mensch und Gebet

an Kräfte die mich getragen
Geheimnisse
die kaum berührt
noch größere Geheimnisse bargen
Schachtel in der Schachtel

an eine Revolution im Frieden
der schon angekommen
verletzlich
noch zu bauen ist

an den nächsten Aufbruch
fürs innere Sehen
der Spur des Geistes und der Natur entlang

Blick zurück

Anhang 1

Einige Zeit nach meiner Ankunft in Santiago am 06.10.1992 habe ich spontan folgende Erinnerungen in Versform festgehalten:

Manchmal da fallen mir wieder die Bilder ein

Manchmal da fallen mir wieder die Bilder ein
von den Wegen, Begegnungen, vom Pilgersein.

Es gab den Aufbruch am Morgen Tau geperlt,
wenn sich der Himmel neu mit der Erde vermählt.

Ich spür noch die Kälte am Morgen, den schwülen Mittag,
des Spätmittags Hitze.
In mir dröhnen noch Donner, züngeln grelle Pyrenäenblitze.

Es gab die Tiere am Weg, Fuchs, Reh, wie stolz war der Hirsch,
der Gesang der Vögel, Grillen, Stiere, die Schlange – Sonntagsjäger auf Wildtaubenpirsch.

Es gab das Gekläff der Hunde, große, kleine, ich sah all ihre Rassen.
Gerade Eric den Bettler bekamen ihre Zähne zu fassen.

Am Abend musst' ich neue Wunden entdecken
und bangend unter Pflaster und Mull verstecken.

Ich kostete das Wasser, wie ist sein Geschmack verschieden!
Vom Feinsten haben Europas Quellen zu bieten.

Unterwegs die einladend Gesten: Kommen Sie herein!
Wir haben noch Reste, laden zu Wasser, Wein, zum Essen ein.

Und dann nehmen Sie mit: Aubracschen Speck, Moissacs Äpfel,
Nogaros Nüsse, Riojatrauben.
Diese Tomaten hier, heute Nacht war ein Sturm. Sie können
sich's erlauben.

Ich sah auch die Tränen des alten Winzers im Armagnac,
Den der Winter hat schneidend um die Ernte gebracht.

Oder die Sonnenblumen vor Leon, sie waren zwergenhaft,
Dem kalkig-trocknen Boden fehlte das Wasser, die Lebenskraft.

Und es gab den Camino, ganz einfach den Weg, es gab Pfade,
Schnellstraßen, Straßen, wie empfindsam wurden die Ohren,
hinter Lärm und Geräusch die Stille zu fassen.

Ich betete, teilte, wurde gesegnet, erblickte die Rosetten im
Abendrot. Der Weg sprach – so erfuhr ich neu den lebendigen Gott.

Alle Wege führten langsam, doch gewiss, dem Ziel entgegen.
Jeder kleinste Schritt über Erde, Sand, Steine, Felsen, Wasser
barg so in sich Segen.

Europa zog über die Füße in die Seele ein, ganz da sein war
alles, Weg und Ziel verboten das Nein.

Als ich ankam in einem der uralten Räume,
Wusst' ich: Hier hallen noch immer die Sehnsuchtsträume.

Wo war Heimat? Voraus oder zurück?
Weder noch. Sie lag im gelebten Augenblick!

E Ultreia. Weiter immer weiter! Bis ich dann Jakobus dem
Wahren zu Füßen fiel.

Ich war angekommen. Nicht nur der Weg ist das Ziel.

Den Rucksack aufgeschnallt, meinen Hut gezogen, den Stab in der Hand. So ich Santiagos Tympanon zu Füßen stand.

Erinnerte mich der Wege, und der Blick dort ging noch viel weiter in die Endzeit hinein, Daniels Blick war heiter, ganz heiter.

Oktober war's, Santiagos Tympanon ist tief in mein Herz eingedrungen. Es vibriert bis heute. Die Alten um Gottes Thron haben in mir gespielt und gesungen.

ANHANG 2

Ein Spiel für Eisenacher Grundschulkinder zum Hühner-Wunder in Santo Domingo de la Calzada aus der Jakobuslegende in zehn Bildern

EIN WUNDER GESCHAH AM GALGEN DORT

Mitwirkende:

Erzähler
Jakob
Vater
Mutter
Wirt
Isabell
Richter

Szenische Folge:

Erstes Bild:	Am Fuß der Wartburg
Zweites Bild:	Vor einem Gasthof von Santo Domingo
Drittes Bild:	Derselbe Gasthof am frühen Morgen
Viertes Bild:	Vor einer Brücke
Fünftes Bild:	Am Galgenhügel
Sechstes Bild:	In einer nahe gelegenen Jakobuskirche
Siebtes Bild:	Rückkehr der Eltern zum Galgenhügel vor Santo Domingo
Achtes Bild:	Wieder im Gasthof von Santo Domingo
Neuntes Bild:	Zurück am Galgenhügel
Zehntes Bild:	In der Kirche von Santo Domingo de la Calzada

ERSTAUFFÜHRUNG:
im November 1990 in der Jakobsschule von Eisenach

1. BILD: AM FUSS DER WARTBURG

<u>Erzähler:</u>
Hört! All ihr Großen und Kleinen!
Ein Wunder geschah am Galgen dort.
Ich will euch erzählen von diesem Ort.

(Geste)
Das ist der Jakob –
An den Fuß der Wartburg hab ich ihn gestellt.
Vater und Mutter ihm zugesellt.

Vor vielen Jahren die Gräfin Elisabeth dort oben wohnte.
Eine gütige Frau war sie – keine die thronte.
Hier baut sie ein Haus für Pilger und Kranke.
Eine mutige Frau war sie – keine die wankte.

Da stehen also die Drei – Jakob und seine Eltern, weit werden sie gehen,
viele Länder und Menschen werden auf dem Weg sie sehn.
Nach Spanien pilgern sie – in ein hundert Tagen.
Den Sternenweg – den wollen sie wagen.

An seinem End ist das Grab von einem heiligen Mann,
Jakobus, der sein neues Leben mit Jesus Christus begann.

<u>Jakobus:</u>
Papa, Mama! Ich freu mich riesig auf diese Pilgerfahrt.
Sie ist wie ein Abenteuer, spannend, sagt! Auch gefährlich und hart?

Vater:
Hab keine Angst, Jakob! Gleich brechen wir auf von Eisenach. Unser Weg führt über Vacha nach Fulda, Marburg und Trier, über so manch Berg und Bach.

Mutter:
Nach Luxemburg erreichen wir der Welschen Land,
von dort sind uns herrliche Kirchen, Burgen und gastfreundliche Menschen bekannt.

In Vercellacus rasten wir, das Grab Maria Magdalenas zu sehn
und ihren Weg mit Jesus auf vielen Bildern dort zu verstehn.

Weiter im Süden werden wir Vulkane überschreiten,
die mit prächtigen Kirchen geschmückt,
uns bald steil bald sanft nach Spanien geleiten.

Schließlich erreichen wir Spanien dicht am Pyrenäengebirge.
Mächtige Könige, aber auch wilde Völker dort hausen und wirken.

Jakob:
So nehm' ich meinen Stab, den Rucksack, Kalebasse und Pelerine, und brech' mit euch auf in froher Miene.
Mit himmlischem Segen aus Sankt Jakob, hier fangen wir an.
Ich möchte zu gerne wissen, was dieser Weg mir bringen kann.

Erzähler:
Wir machen jetzt einen großen Sprung von 80 Tagen!
Auf nach Santo Domingo hinter Pamplona und Logrono,
dorthin wollen wir uns wagen.

2. Bild: Vor einem Gasthof von Santo Domingo am frühen Abend

Jakob:
Ach Papa und Mama, was mussten wir heut schwitzen,
hatten kaum Zeit, mal ruhig zu sitzen.
Beschwerlich war unser Weg zum heiligen Dominik,
der für uns Pilger Straßen gebaut und so manche Brück.

Vater:
Was seh ich? Was hör ich? Ein Gasthof lädt ein.
Der Wirt kommt uns entgegen …

Wirt:
Herein nur, herein.
Ruht euch aus hier, legt ab euren Sack.
Dieser Weg ist voller Mühen, heiß war der Tag.
Ihr könnt bei uns essen und trinken, gar tanzen, wenn der Mond sich rundet.
Und morgen seid ihr Drei gewiss wieder gesundet.

Nun aber darf ich euch vorstellen, mein Töchterlein.
Komm, Isabell, zeig dich den Pilgern hier hübsch und fein.

Isabell:
Willkommen bei uns! Papa sagt immer, ich sei ziemlich keck.
Von weitem sah ich euch kommen auf eurem Weg.
Mein Blick fiel auf dich, auf dich, junger Mann.
Du gefällst mir, ich möchte noch heut mit dir tanzen.
Sag wann? Sag wann?

Jakob:
Nicht heute, nicht morgen, Isabell, du Feine,
wund, ganz wund, hab ich mir gelaufen, die Füße, die Beine.

Ich kann nicht mehr, bin einfach geschafft,
Ich wasch mich, esse, bet und geh schlafen.
Ich brauch meine Kraft.

<u>Isabell:</u>
Das macht mich ganz wütend. (beiseite:)
Ich bin richtig erbost.
Jakob, dich trifft morgen ein bitteres Los.

Drittes Bild: Derselbe Gasthof am frühen Morgen

<u>Isabell:</u>
Es ist noch früh am Morgen. Niemand ist wach.
Jakob schläft friedlich dort unter dem Dach.
Was bin ich gekränkt: Hat er mich doch sitzen lassen.
Er muss es büssen! Wie krieg ich ihn nur zu fassen?

Jetzt weiß ich's!
Ich versteck diesen silbernen Becher unter seinen Sachen.
Entdeckt man ihn, hat er nichts zu lachen!

Ich will ihn jetzt wecken und werfen aus seinen Federn.
Ihm einen Denkzettel verpassen fürs ganze Leben.

Auf Bruder Jakob, schläfst du noch, schläfst du noch.
Hörst du nicht, die Morgenglocke läutet doch.

Du musst weiter, mit deinen Eltern heut weiter.
Hör doch den Hahn! *Da* schreit er und dort schreit er!

Viertes Bild: Vor einer Brücke

Erzähler:
Und Jakob zieht los mit den Eltern und seinen sieben Sachen. Gen Burgos, die Menschen dort sind freundlich – werden ihnen die Türe aufmachen.

Aber halt! Was seh ich! Ein Wachmann kommt eilig gelaufen.
Dahinter ein Wirt. Er schreit und hört nicht auf, sich die Haare zu raufen.

Wirt:
Haltet ein! Haltet die Drei! Einer von ihnen ist ein Dieb.
Vorbei ist's mit meiner Freundschaft und Lieb.
Du, Jakob, zeig her dein Gepäck.
Ich wühle und such darin wie in einem Versteck.

Ha! Schaut her! Da ist er ja.
Der Becher. Unser silberner Becher ist wieder da!

Jakob, Du bist ein Gauner. Ein richtiger Dieb:
Los vor den Richter. Spür schon mal diesen Hieb.

Jakob:
Aua. Au. Das tut weh! Wie groß ist meine Not.
Bitte, Herr Wirt, schlagt mich nicht tot …

Man nimmt mich gefangen – (Pause) Zieht ihr, liebe Eltern, denn weiter. Schaut, wie verloren ich bin
und tragt meine Not vor Jakobus hin.

Vater zum Wirt:
Lasst *mich* die Strafe büssen an meines Sohnes Statt.
Er ist unschuldig. Den Diebstahl er nie begangen hat!

Voller Schmerz wir dich lassen, dich lieben Sohn.
Die Sonn verfinstert sich am Himmel schon.
Der Himmel mag strafen dieses böse Tun.
Wir werden Sankt Jakobus bestürmen und dabei nicht ruhn.

Mutter:
Ach, mein Jakob, mein Sohn, Ich mag's nicht glauben.
Du warst immer ehrlich. Du kannst gar nicht rauben.

FÜNFTES BILD: AM GALGENHÜGEL HINTER SANTO DOMINGO

<u>Richter:</u>
Beschuldigter Jakob!
Wir haben festgestellt.
In deinem Gepäck hat sich ein silberner Becher eingestellt.
Es ist des Wirtes Becher. So bist du als Verbrecher erkannt.
Ich hebe zum Urteil meine rechte Hand.

Jakob aus Colonia und Eisenach. Pilger nach Santiago zum Jakobusgrab.
Hier vor Burgos soll sich wenden dein Schicksalsblatt.
Du bist verurteilt zum Hängen am Galgen.
Dein Diebstahl war tückisch. Milde kann hier nicht mehr walten.

<u>Jakob:</u>
So bin ich verloren. Ohne Hilfe. Allein.
Vater im Himmel. Wie kann das nur sein?
Heiliger Jakobus, unschuldig ich bin.
Trag vor meinen Vater im Himmel mein Flehen hin.

(lange Stille und Pause), dann der <u>Erzähler</u>:

Trauer über Trauer trägt jetzt zum Himmel der Wind.
Gestorben ist heute ein unschuldig Kind.
Vater im Himmel, sieh doch, wie Menschen die Gerechtigkeit hassen.
Du kannst den toten Jakob nicht dieser Schand' überlassen.

Sechstes Bild: In einer nahen Jakobuskirche am Camino

<u>Eltern</u> beten gemeinsam:
In Santiagos Stadt, Jakobus, dort an deinem Grab,
stehen jetzt Menschen mit vielerlei Plag.
Pilger, arm und reich, alle sind gekommen,
Gesunde und Kranke, Sünder und Fromme.

Da stehen Verbrecher, Diebe, ganz schlimme Sünder.
Du versöhnst dort, heilst, wirkst durch Gott für sie Wunder.

Wir bitten innig für unseren Jakob. Unschuldig hängt er am Galgen.
Lass Gnade und Liebe vor bösem Recht dort walten.

Siebtes Bild: Rückweg der Eltern. Vorm Galgenhügel vor Santo Domingo in der Ferne.

Mutter:
Lieber Mann, Schau. Dort taucht auf die Unheilsstadt,
die unseren Jakob zum Tode verurteilt hat.
Ich habe Angst, wieder in diesen Ort zu gehen.
Unseren Jakob können wir nur tot dort wieder sehn.

Vater:
Aber sieh doch, liebe Frau, ich trau meinen Augen nicht,
da bewegt sich ein Körper im Abendlicht.
Am Galgen hängt ein Mensch, wie tot – und doch lebt er.
Unser Jakob ist's. Hör. Seine Stimme hebt er.

Jakob:
Vater, Mutter, ja ich lebe, lebe,
meine Hände ich dankbar zu Jakobus erhebe.
Er hat mich gestützt, all die Tage gehoben.
Für immer werd ich seinen Beistand loben.

Er war einfach da mit seiner Kraft.
Aus Gottes Macht er mir neues Leben schafft.

Mutter und Vater
Wahrlich ein Wunder geschah an diesem Galgen dort.
Diese Stätte hier ist ein heiliger Ort.

ACHTES BILD: WIEDER IM GASTHOF VON SANTO DOMINGO

Der Richter sitzt am Speisetisch.

Richter:
Soo lieb ich das Leben – eine gebratene Henne und ein Hahn, welch ein Schmaus.
Immer nur richten und strafen ist mir ein Graus.
(still beiseite) Will ich gar an manch Urteil denken,
muss ich mein schlecht Gewissen im Wein versenken. (trinkt)

Nanu – Da kommen zwei. Die sind mir bekannt.
Da sind doch Jakobs Eltern. Sie kommen gerannt.

Vater:
Herr Richter, unser Jakob am Galgen – er ist nicht tot.
Er lebt und sprach mit uns. Jetzt hat geendet unsre Not.

Mutter:
Nehmt euer schändlich Urteil zurück. Hier hat Gott entschieden und sorgt endlich für eurer Seele Frieden.

Richter:
Ihr seid ja verrückt, das ist zum Lachen.
So wenig die gebratenen Hühner hier zum Leben erwachen,
so wenig fließt durch euren Jakob noch Blut.
Sein Leib trägt keinen Funken Leben noch Glut.

Erzähler:
Da fliegen Hahn und Henne auf, dem Richter vor die Nase, den Mund.
Ihm kullern die Augen: „Bin ich im Kopf noch gesund?"
Die Henne, der Hahn, sind tatsächlich putzmunter.
Hier geschehen wirklich noch Zeichen und Wunder.

<u>Richter:</u>
Ich eile zum Galgen. Will Jakob dort sehn.
Mit meinem Verstand das Geschehen verstehn.

Neuntes Bild: Wieder am Galgenhügel

Richter:
Wachmann, sieh doch, pack an, hilf schnell!
Hol ihn von Galgen, bevor es wird hell.
Ich kann's nicht begreifen, kann's gar nicht glauben.
Was ich hier sehe, will den Verstand mir rauben.

Jakob zum Richter:
Ja, ich bin's wirklich. Niemand sonst seht ihr wohl.
Dem Beistand des Jakobus all eure Verehrung zollt.
Über euch gibt es einen, der ist stärker als ihr.
Dank Gottes Hilfe steh ich so lebendig vor dir.

Wie glücklich bin ich, euch, liebe Eltern, wieder zu sehn.
Sofort möchte ich mit euch weiter gehn.
Euer Weg nach Santiago war voller Trauer, der meine, voller Freude.
Vom Galgen wurd' ich gerettet – vor all diesen Leuten.

Alle:
Uns erfüllt ein Schauder. Wir können das nicht verstehn.
So lasst uns täglich dieses Wunder vor Augen sehn.
Holt einen goldenen Käfig, eine Henne, den Hahn.
In unsere Kirche müssen beide, als Zeugen, so schnell man kann.

10. Bild: In der Kirche von Santo Domingo de la Calzada

<u>Erzähler:</u>
Und so findet man in Santo Domingos Kirche noch heute
Henne und Hahn,
die krähen und gackern, ziehn aller Augen in Bann.

Zuweilen, wenn früh am Morgen die Sonne aufgeht,
die Henne ihr Ei geruhsam ins Nest dort legt.
Der Hahn stolz seine Federn schüttelt
und mit seinem Schnabel am Käfig rüttelt.

Mit einer dieser Federn ward auch unser Stück geschrieben
vom Hühnerwunder in Santo Domingo, in Spanien dort drüben.

Peter Spielmann (*1947) lebt in Aschaffenburg-Obernau. Er lehrt als Gymnasiallehrer die Fächer Religion und Französisch, daneben ist er als Übersetzer französischer spiritueller und kunstwissenschaftlicher Literatur geschätzt. Er ist pastoraler Mitarbeiter und begleitet Pilgergruppen. Die europäischen Pilgerwege kennt und begeht er seit vielen Jahren, ebenso die Via Francigena nach Rom. Er leitet die Untermaingruppe der Fränkischen St.Jakobus-Gesellschaft und arbeitet im spirituellen Arbeitskreis der Gesellschaft mit. Bisherige Veröffentlichungen sind die Lyrikbände „Inselblume", „Tenebrae", „Judas, der Mann aus Kariot", Die Muschel im Herzen", „Qadisha – das Tal, aus dem der Weihrauch steigt."
Für den Gedichtband „Inselblume" wurde ihm 1998 der Literaturpreis des Landkreises Miltenberg verliehen.

Frank Eißner (*1959 in Leipzig) ist Maler, Holzschneider und Buchkünstler. Er studierte an der Hochschule für Graphik und Buchkunst in Leipzig bei den Professoren D. Burger und G.Thiele. Seine Ausbildung als Holzschneider erhielt er bei Professor R. Kuhrt. Seit 1989 arbeitet er selbstständig und konnte 2009 den 20. Geburtstag seiner „Handpresse" feiern.
Er ist ein Buchkünstler, dem es nicht so sehr um Illustration eines Textes geht, sondern ganz in der Tradition der Romantik und des Expressionismus um einen Dialog zwischen Wort und Bild.